NIVEAU 1 :
DÉCOUVERTE
DU PRINCIPE
ALPHABÉTIQUE

J'APPRENDS À LIRE L'ARABE
AVEC LES ALPHARABES

L'abécédaire des cinq sens basé sur les neurosciences.

Écrit et illustré par :
Athéna BALVERDE

Cher petit tâleb*

Dans le tome 1, je t'emmène avec moi dans le monde incroyable des Alpharabes. Tu vas faire la connaissance de personnages rigolos aux mille et une odeurs qui t'aideront à apprendre les lettres arabes.

Avec les Alpharabes, tu apprendras également tes premiers mots arabes et tes premières règles de lecture.

D'Èlifa la princesse, à Tamatim la super tomate, en passant par Chèjara l'arbre qui chuchote, plus rien n'aura de secret pour toi. Sais-tu que dans le monde des Alpharabes, les grands-mères sentent le fromage, les monstres ne font même pas peur et les patineurs ultra-rapides sont des bols de riz ? Qui se cache dans un coin ? Et qui marche en coin-coin ? Tu le découvriras dans ce livre qui, j'en suis sûre, fera beaucoup de bruit.

Le vocabulaire arabe est introduit par des images à l'intérieur des textes. Vous trouverez sa traduction en note de bas de page.

* étudiant : طَالِب

Sommaire

Le coin des parents

Infos, idées d'activités et conseils pratiques...78

L'heure du conte

Èlifa el Èmira*...4
La Princesse
Zèhra*...39
La fleur
Qissa*...62
L'Histoire

La famille des voyelles 19

Fètha*...20
Damma...21
Kessra...22
Soukoun..23

La famille des consonnes 24

Consonnes longues

Ghadbane*...25
Mighrafa*...27
Thawb*...29
Khobz*...31
Lissène*...32
Chèjara*...33
Monsieur Hhh*...34
Dhourra*...35
Nè3nè3*...36
Sourraq*...47
Roz*...50
Dhârf...51
Sâmgh...52
Foulfoul*...54

Consonnes courtes

Bèttikh*...55
Dounèt*...57
Wèhch...58
3èmou 3ilka*...59
Koussa*... 60
Tâmatîm*...61
Dâwda*...70
Jedda joubna*...71
Touta*...72
Youssoufi*...74
Hèwè'*... 76

* Alpharabes qui peuvent être goûtés ou sentis

L'HEURE du Conte

ÈLIFA EL ÈMIRA

أ La Princesse des Alpharabes

Cette petite fille que tu vois à la fenêtre est une princesse, mais elle ne le sait pas encore.

Elle a une grande chambre.

Elle a d'incroyables jouets.

Pourtant, ce soir-là, elle s'ennuie.

princesse : أَمِيرَة

ÈLIFA EL ÈMIRA Í la Princesse

— Je m'ennuie ! dit-elle à sa maman.

— Tu t'ennuies ? Pourquoi ne lirais-tu pas un livre ? propose sa maman.

La petite fille cherche alors un ouvrage dans sa bibliothèque. Parmi eux, il y en a un qui attire son attention :

— Tiens, ce livre a l'air vraiment intéressant, se dit-elle. Il y a de belles images à l'intérieur ! Mais… je me demande bien ce que veulent dire ces étranges écritures… Décidément, je ne comprends pas du tout ce que je vois !

ÈLIFA EL ÈMIRA Í la Princesse

La petite fille ne peut pas déchiffrer la belle histoire car ces fameuses écritures, ce sont des lettres arabes.

— Maman, je ne sais pas lire cette langue ! s'exclame la petite fille.

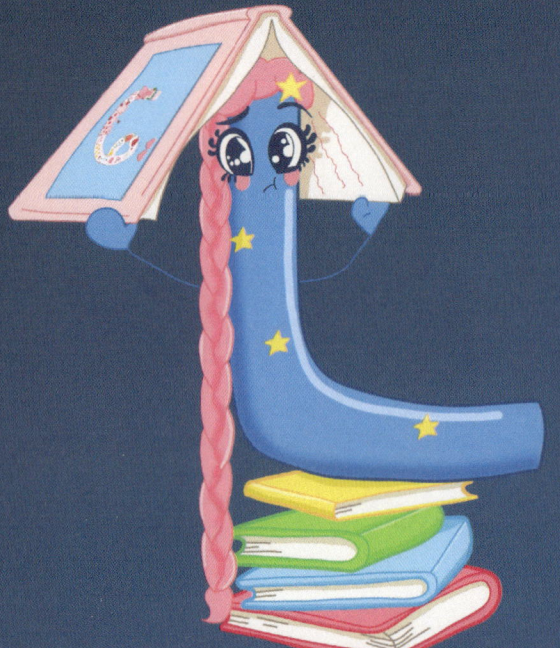

— Alors je vais te l'apprendre, dit la maman. Pourtant, la petite fille n'en a pas envie :

— Je n'aime pas rester des heures sur une chaise, ça m'ennuie encore plus. Tu sais bien, maman, que je préfère m'amuser !

ÈLIFA EL ÈMIRA   Í   la Princesse

— Et si on s'amusait à apprendre ? dit la maman. Apprendre à lire l'arabe avec un goûter très spécial ? Un goûter où tous tes sens y seront invités : la vue, le toucher, le goût, l'ouïe et un dernier tu le connais ?

— Ah oui, maman, c'est l'odorat ! Mon préféré !

— Je te rassure, il n'y aura pas de leçon à rallonge et tu ne passeras pas des heures sur une chaise. Tu apprendras plutôt à bien utiliser ton cerveau à l'aide de tes cinq sens.

— C'est vrai Maman ? Tu me le promets hein ? s'étonne la petite fille.

ÈLIFA EL ÈMIRA Í la Princesse

— Bien sûr ma chérie. Assieds-toi donc à mes côtés et laisse-moi t'emmener dans un monde incroyable dans lequel tu vas découvrir la lecture arabe. Dans cette fabuleuse aventure, tu vas te faire de nouveaux amis et tu ne t'ennuieras plus, c'est promis.

ÈLIFA EL ÈMIRA أ la Princesse

La maman prend alors une boite de crayons de couleur et un tas de feuilles. Elle commence à dessiner en disant :
— Pour apprendre à lire l'arabe, je vais inventer des personnages très rigolos avec qui tu pourras t'amuser. Ils t'accompagneront tout au long de ton apprentissage. On les appellera… les Alpharabes. Je t'ai parlé d'un goûter, tu te rappelles ? Tu sais quoi ?

ÈLIFA EL ÈMIRA أ la Princesse

Ces Alpharabes, tu pourras même les déguster ! Tu te souviendras de leurs sons grâce à leurs saveurs et leurs odeurs.

La petite fille est enchantée :
— C'est une très bonne idée, j'ai hâte de jouer avec mes nouveaux compagnons tout mignons ! Mais si tu inventes des personnages, alors je serai une princesse. N'est-ce pas maman que je ferai partie de ton histoire ? dit-elle en sautant de joie. La maman soupire, elle réfléchit, puis elle sourit. Elle a une idée :

10

Èlifa el Èmira Í la Princesse

— D'accord. Tu seras la princesse Èlifa el Èmira. Tu habiteras un immense château aux mille et un gâteaux.
— Et comme tous les autres Alpharabes, j'aurai une bonne odeur. N'est-ce pas maman que je sentirai bon ? ajoute la petite fille.

ÈLIFA EL ÈMIRA   /   la Princesse

— Bien sûr ! Tu sentiras, euh... tu sentiras... 🍍 , puisque c'est ton fruit préféré !

— Comme toutes les 👸 , je porterai une belle couronne. N'est-ce pas maman que j'aurai une belle coiffe ? réclame la petite fille.

princesse : أَمِيرَة   ananas : أَنَانَاس

ÈLIFA EL ÈMIRA   Í   la Princesse

— Tu auras une belle couronne sur la tête et une longue chevelure éclatante... si tu me laisses te coiffer !

ÈLIFA EL ÈMIRA Í la Princesse

La petite fille s'imagine dans son joli palais :

— Je me vois déjà déguster des ananas sur un plateau d'argent, jouer à cache-cache dans mon château. Il doit y avoir de magnifiques trésors à l'intérieur... Puis, elle exige à nouveau quelques folies :

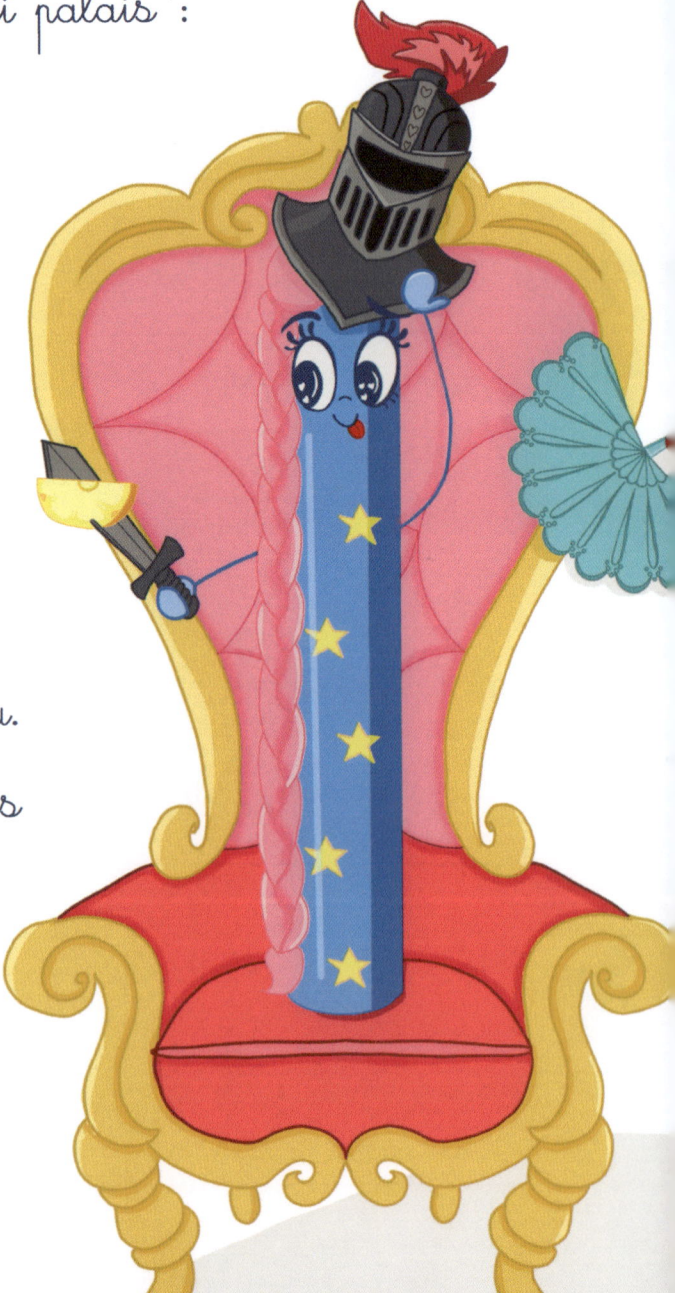

ÈLIFA EL ÈMIRA Í la Princesse

— Et bien sûr, comme toutes les 👸, j'aurai un compagnon d'aventure. N'est-ce pas maman qu'avec lui, je jouerai à la balançoire jusqu'aux étoiles ?

— Puisque tu veux que l'on te décroche la lune, plaisante la maman, eh bien tu auras comme ami ce petit astre de la nuit. Il s'appellera Hilél. Mais prends garde !

croissant de lune : هلَال

ÈLIFA EL ÈMIRA Í la Princesse

Si ce croissant de lune quitte ta tête, tu deviendras muette et tu perdras ta voix.

— D'accord... rechigne la petite fille, mais comme toutes les 👸, j'aurai une très jolie voix. N'est-ce pas maman que j'aurai une belle voix ?

— AH NON !!! gronde la maman, TU N'AURAS PAS UNE BELLE VOIX...

ÈLIFA EL ÈMIRA ΄Í la Princesse

Tu en auras trois ! Elles te feront chanter des sons comme èh, ouh, ih. Ces trois petites voix feront partie de la famille des voyelles.

— C'est quoi des voyelles ? questionne la petite fille.
La maman sourit. Elle est contente, car pour une fois, "Madame-je-demande-tout" ne demande rien. Plutôt, elle pose une question. Une très belle question.
— Eh bien justement... les voyelles ? Je t'explique cela dans ta prochaine leçon ! dit la maman.

LA FAMILLE DES VOYELLES
AUX BELLES VOIX

Les voyelles sont de petits personnages qui ont la réputation d'avoir de belles voix. Elles font chanter tous les Alpharabes en se plaçant au-dessus ou en dessous de leurs compagnons. La princesse Élifa et Émira ne pourrait pas non plus chanter sans la famille des voyelles.

Fètha

LES VOYELLES
أَ

L'Ènènès

Parmi les voyelles, il y a Fètha. C'est un petit ananas tout fin avec de minuscules ailes. À cause de cela, c'est très difficile pour lui de s'envoler. Regarde comme il lui faut faire beaucoup d'efforts pour monter au-dessus des Alpharabes : èèèèèh.

Mais quand il ouvre grand sa bouche et fait aaaah il est content car il peut monter très haut dans le ciel.

ananas : أَنَانَاس

Dâmma

LES VOYELLES ُ ا

Le sifflet

Dâmma, lui, est un sifflet très spécial. Il ne sait pas siffler. Aucun petit sifflotement, pas même un soufflement ne sort de sa bouche. Il essaye pourtant de mettre ses lèvres en forme de cercle comme quand on veut siffler, mais il ne sort que le son ou ; comme quand on dit : ouh, c'est nul ! En effet, c'est honteux pour un sifflet de ne pas savoir siffler.

Kesra   la flaque d'eau

LES VOYELLES

ِ

Kesra, la flaque d'eau, fait bien rire Èlifa car elle joue à cache-cache juste au-dessous de ses pieds. Sa blague la plus rigolote est de chatouiller les pieds de la princesse. Ihihihih ! Èlifa, comme toutes les petites princesses, adore jouer dans les flaques d'eau. « C'est très amusant ! », dit-elle en sautant dedans à pieds joints.

Soukoun

LES VOYELLES

Soukoun est un petit bonhomme aussi rond qu'une bulle de savon. Avec son souffleur à bulles, il en fabrique de grosses pour faire fuir les voyelles. Elles, qui n'aiment pas avoir du savon dans les yeux, se sauvent en silence. Les voyelles n'ont plus le droit de chanter de leur belle voix.

Heureusement, il reste encore des bruits pour s'amuser : bbb, ttt, ththth, mmm, nnn, vvvv.

Mais à ce propos, qui fait tout ce boucan ?

LA FAMILLE DES CONSONNES

AUX BRUITS QUI ÉTONNENT

Nous venons de faire connaissance avec la famille des voyelles qui possèdent de belles voix. Chez les Alpharabes, il y a aussi la famille des consonnes. Ces petits personnages très attachants aiment jouer ensemble. Ils font des sons très rigolos et racontent des histoires étonnantes. Ils ne passent pas inaperçus car ils font beaucoup de bruits ttt, sss, zzz bbb.

GHADBANE

CONSONNE LONGUE غ

L'Énervé

Ghghgh! Celui-là n'a pas l'air d'aimer grand-chose. Le drôle de personnage que tu vois, c'est Ghadbane. Bien qu'il soit tout mignon, c'est un monsieur très grognon. Alors il grogne ghghgh, il rouspète ghghgh et il ronchonne ghghgh. Avant, il vivait dans les bois devant un cabanon. Du haut de son 3, son chiffre préféré, sa passion, il voyait les Alpharabes comme de très vilains polissons... Jusqu'à ce qu'il bascule par distraction et se retourne comme une toupie pour former lui-même un son ghghgh !

On utilise le principe de l'écriture miroir pour associer une connaissance que l'enfant possède déjà (le chiffre 3) à une nouvelle information (la lettre ghein) et faciliter ainsi l'apprentissage.

énervé : غَضْبَان

GHADBANE

CONSONNE LONGUE
ع

L'Énervé

LE SAIS-TU?

Ghadbane se trouve au dessus de son chiffre retourné. Comme il est tout petit, il fait un tout petit grognement gh gh gh.*

Ghghgh ! Maintenant, il fait partie d'un alphabet aghghghabe et il faudra que s'en accommode ce petit monsieur pas très commode.

*En comparaison avec la lettre r en français, le ghein est plus doux et léger.

MIGHRAFA — La Louche

CONSONNE LONGUE

Mighrafa est une louche gourmande. Quand il fait nuit noire et que tout le monde est endormi, elle sort de son tiroir et engloutit tout ce qui se mange. Elle croque, mâche et avale poulets rôtis, pommes au four et desserts en folie. Devant ce délicieux régal, elle fait cet étrange bruit. Mmm ! Mais ce qu'elle préfère…

HMMMM !

louche : مِغْرَفَة

Mighrafa

CONSONNE LONGUE

La Louche

Ce sont les barbecues en plein air ! « Mmm ça sent bon le 🍖 », dit Mighrafa.

LE SAIS-TU?

Mighrafa est une louche vraiment louche. Étrangement, elle mange tellement vite qu'elle ne grossit que de la tête. Elle a donc un corps tout fin comme un fil de fer et une tête toute ronde.

grillade, barbecue : مَشْوِيّ

Thawb — Le Vêtement

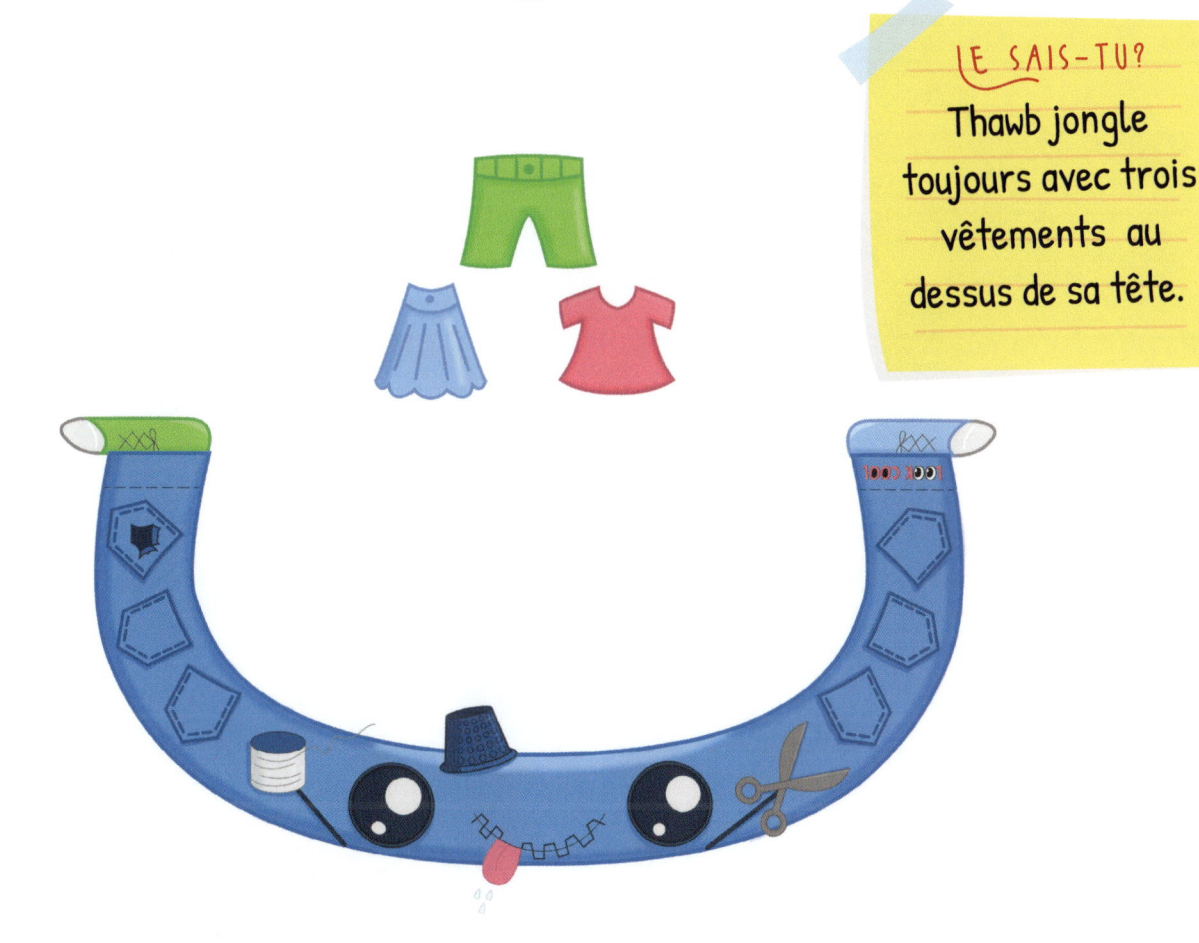

CONSONNE LONGUE

ث

LE SAIS-TU ?
Thawb jongle toujours avec trois vêtements au dessus de sa tête.

Un chapeau en forme de dé à coudre, des yeux en boutons de manchette et une bouche fermeture éclair, ce Thawb a tout d'un vêtement. Il se plie en quatre pour trouver LA tenue idéale. Il est le seul à jongler avec des tissus de trois couleurs et en plus, il sait même faire le grand écart !

vêtement : ثَوْب   29

Thawb

CONSONNE LONGUE ث

Le Vêtement

Allons voir de plus près ce qu'il y a dans son pantalon multi-poches...

ثَقْب   ثُوم   ثَلَاثَة   ثَلْج   مُثَلَّث   ثَمَانِيَة

Quand il appuie sa langue sur ses dents, on dirait qu'il souffle comme un fer à repasser. Ththth !

Khobz

CONSONNE LONGUE

خ

Le Pain

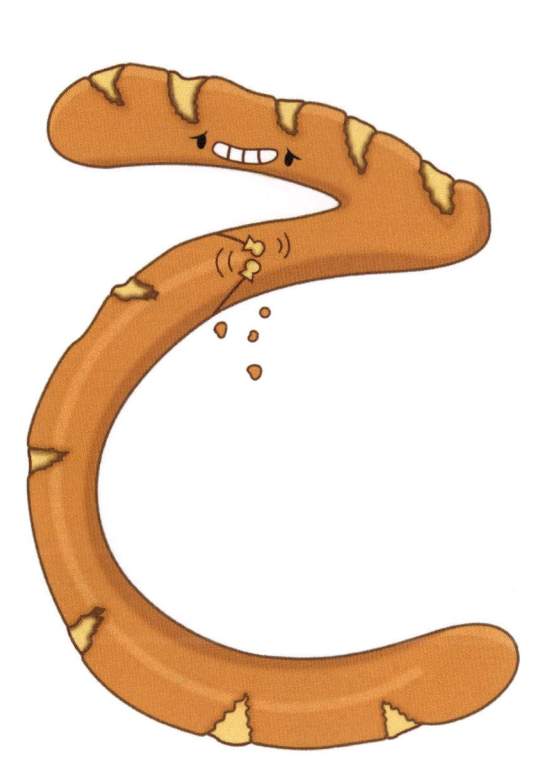

LE SAIS-TU ?

La biscotte se place au-dessus de son papa Khobz. Sinon, elle aussi, elle avalerait des miettes de travers.

Khobz le pain est le papa de la célèbre biscotte suédoise Rrrisrrroll. Il a avalé de travers une miette de pain rrrassi. Il rrracle alors sa gorrrge et se grrratte ainsi : Rrr. Ça fait toujours bien rire la petite biscotte Rrrisrrroll qui, au-dessus de son papa, rigole. Rrr !

Pendant la lecture, remplacez le son "r" par la lettre kha en arabe.

pain : خُبْز

Lissène   J   La Langue

CONSONNE LONGUE

— Lll !
— Arrête de discuter !
— C'est pas moi, c'est ma langue !
Un casque et un micro,
une bouche grande ouverte
et des yeux bien fermés,
c'est Lissène la langue
prête à parler de tout
et très souvent de rien.
Lll ! Si tu sors ta longue lissène,
tu pourras imiter ce bruit sans peine.

Pour faire taire ce moulin à postillons, lui donner quelques gouttes de 🍋.

32   langue : لِسَان   citron : لَيْمُون

CHÈJARA

CONSONNE LONGUE ش

L'Arbre

LE SAIS-TU?
Pour reconnaître Chèjara dans le noir, rappelle-toi qu'il a trois feuilles au-dessus de lui.

Lui, par contre, ce n'est pas le roi de la parlote. Chhhut ! Écoute le bruit du vent qui chuchote entre les feuilles de Chèjara. Chchchch ! La nuit, quand tout est noir, on peut voir l'ombre de Chèjara bouger. Il ne lui reste plus que trois feuilles pour chchchuchoter.

arbre : شَجَرَة

Monsieur hhhh

CONSONNE LONGUE ح

la Bouche puante

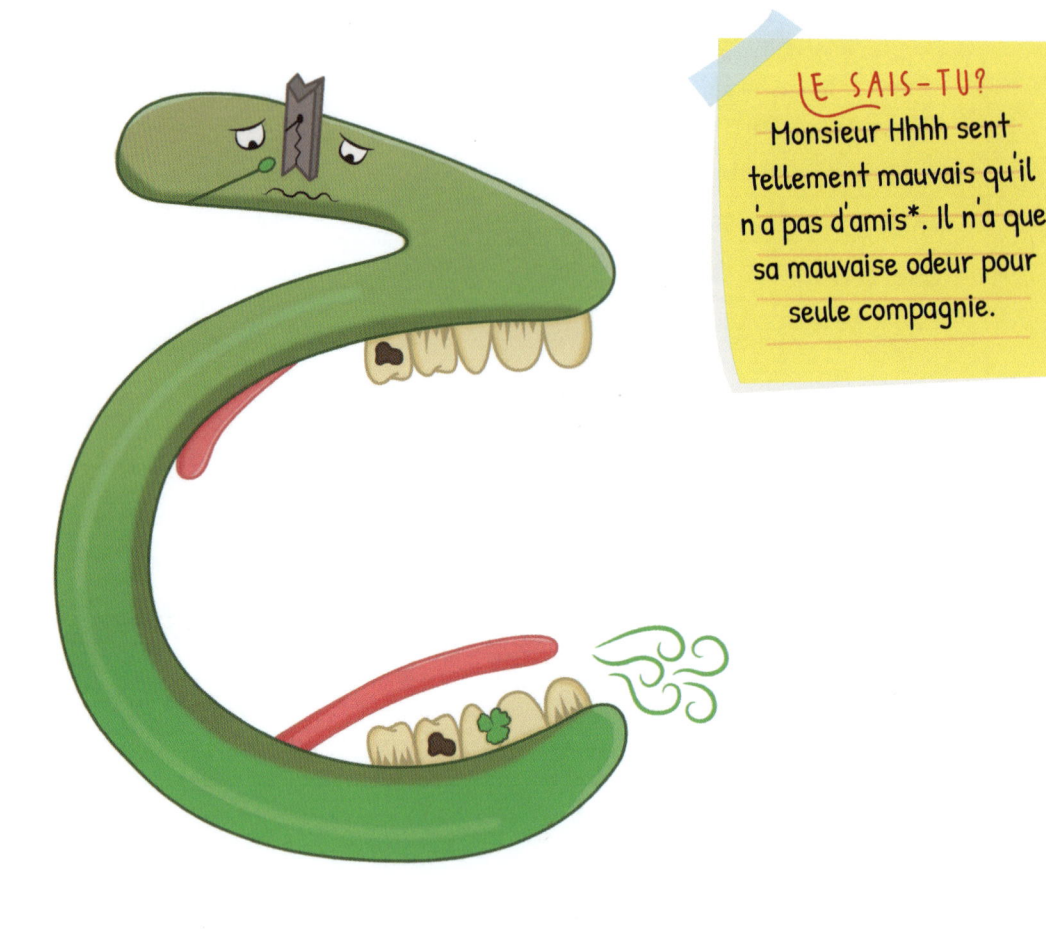

> **LE SAIS-TU?**
> Monsieur Hhhh sent tellement mauvais qu'il n'a pas d'amis*. Il n'a que sa mauvaise odeur pour seule compagnie.

Hhhh ! Une pince à linge ne suffit pas à supporter l'odeur de cette bouche qui écœure. Monsieur Hhhh n'a pas de nom, mais il a une odeur. Voilà ce qui arrive quand on ne prend pas soin de ses dents en temps et en heure ! Au fait, t'es-tu brossé les dents ? Fais-moi sentir en faisant hhhh !

*Monsieur Hhhh n'a pas d'amis c'est à dire qu'il n'a pas de point contrairement à la lettre jim et kha.

Dhourra

CONSONNE LONGUE
ذ

Le Maïs

LE SAIS-TU?
Dhourra ne se sépare jamais de son maïs soufflé. Là où il y a du popcorn, tu trouveras Dhourra.

Dhourra est un épi de maïs fabricant de popcorn de père en fils. Dhdhdh ! Il fait vibrer sa langue sur ses dents, et de sa tête, délicatement, il en sort de délicieux maïs soufflés au caramel beurre salé. Mais comme tous les enfants, il ne fait pas attention au rangement. « Dhourra, vraiment, tu dépasses les bornes! Tu salis tout avec ton popcorn ! »

maïs : ذُرَة

Nè3nè3 — La Menthe

CONSONNE LONGUE ّن

Nè3nè3 vit dans une théière. Il passe ses journées à fabriquer du thé. De temps en temps, il perd ses feuilles et de temps en temps, il perd ses mots.

menthe : نَعْناع

Nè3nè3 — La Menthe

CONSONNE LONGUE

« Nnnatchoun ! » entend-on à travers sa maison. Car Monsieur Nè3nè3 est allergique aux fins de mot. Il ne finit jamais ses phrases. Par exemple, quand il n'est pas d'accord, il remue de gauche à droite son petit doigt en disant nnn ! au lieu de dire non.

Nè3nè3 — La Menthe

CONSONNE LONGUE

LE SAIS-TU?
Chez Nè3nè3, on verse le thé très haut. Sa théière se trouve donc toujours au-dessus de lui.

Aide-le à finir son message.

« Aujourd'hui, c'est une belle matinnn..., un temps idéal pour jardinnn... Dehors, j'y mettrais bien mon nnn.. mais j'ai peur d'être contaminnn... Je vais plutôt me soignnn... avec un thé à la menthe moulinnn... et finir ma journnn... dans un fauteuil molletonnn... »

Voici un des exercices qui permet d'initier l'enfant à la conscience phonémique. En effet, s'exercer à trouver des sons manquants dans un mot aide votre enfant à prendre conscience du son. Il apprend comment s'articule le son dans un mot. Multipliez donc ce genre d'exercice.

L'Heure du Conte

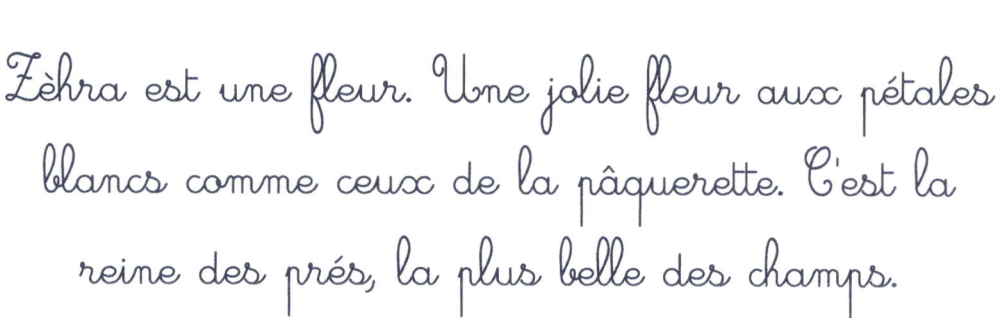

ZÈHRAT زَ — La Fleur

Zèhra est une fleur. Une jolie fleur aux pétales blancs comme ceux de la pâquerette. C'est la reine des prés, la plus belle des champs. Le parfum qu'elle dégage se reconnaît entre mille. Cette fleur est tellement ravissante que tout le monde l'admire.

fleur : زَهْرَة

39

ZÈHRA ز la Fleur

Un jour, une abeille se pose sur sa tête. Elle lui fait beaucoup d'ombre. C'est vrai qu'à côté des couleurs jaune et noir de la butineuse, la fleur blanche n'a pas bonne mine.

« Alors c'est décidé, se dit Zèhra, je veux être aussi rayée que l'abeille ». Elle se déguise. Elle peint des zigzags sur sa robe et se maquille en jaune et noir.

ZÈHRA   z   la Fleur

La voilà aussi rayée que l'abeille. Mais cela ne suffit pas à égaler la légèreté de l'insecte. C'est vrai, pour être une abeille, il faut aussi des ailes. Alors elle travaille ses pétales à coups de lissage et de sèche-cheveux.

« Zzzut ! lance Zèhra. En lissant mes pétales, zzz'ai brûlé mes pistils. »
Elle se brûle si fort qu'elle se met à zozoter.
« C'est zzzoli de zozoter, se dit-elle, zzze fait le même son que les zzzabeilles ! »

41

ZÈHRA ز la Fleur

La voilà enfin déguisée. En abeille, elle se trouve très réussie. Elle retourne toute fière et élégante dans son jardin de fleurs des champs, aux côtés de coquelicots et pissenlits. Mais très vite, elle récolte les ennuis de sa métamorphose. Avec sa robe rayée jaune et noire, tout le monde la croit malade et n'ose s'approcher.

ZÈHRA ز la Fleur

Ses pétales devenus si fins et si légers ne peuvent la protéger. Elle a tout le temps froid en hiver et ne peut être ombragée en été. Alors Zèhra se sent toute triste. Même ses amies les fleurs ne la reconnaissent plus. Elle ressemble à une fleur fanée.

ZÈHRA ز la Fleur

Elle se sent si triste
qu'elle se met à pleurer.
Elle pleure tellement
que ses larmes la recouvrent
et font disparaître la peinture
qu'elle avait sur sa robe.
Le brushing de ses pétales
s'assouplit.

ZÈHRA ز la Fleur

Elle retrouve son teint pâle et sa très célèbre crinière florale. Elle est tellement heureuse d'avoir retrouvé sa beauté ! Tout est redevenu comme avant. Enfin presque...

ZÈHRA ز la Fleur

Car de son déguisement, la Zzzozote petite fleur garde encore ce bourdonnement. Zzzzz !!! peut-on maintenant entendre à travers champs.

Sourraq

CONSONNE LONGUE س

Les Voleurs

Sourraq sont des voleurs. Ces trois malfaiteurs passent la plupart de leur temps à voler. Isss ! fait le bruit de la monnaie dans leur panier. Et ils passent le reste de leur temps à mentir. « Ccc'est pas moi ccc'est mon frère ! », disent-ils à tour de rôle dès qu'ils se font attraper. Ils ont les mains en l'air, ils ont les dents serrées, sss ! Ils tremblent à l'idée de se faire emprisonner.

voleurs : سُرَّاق

Sourraq

CONSONNE LONGUE ش

Les Voleurs

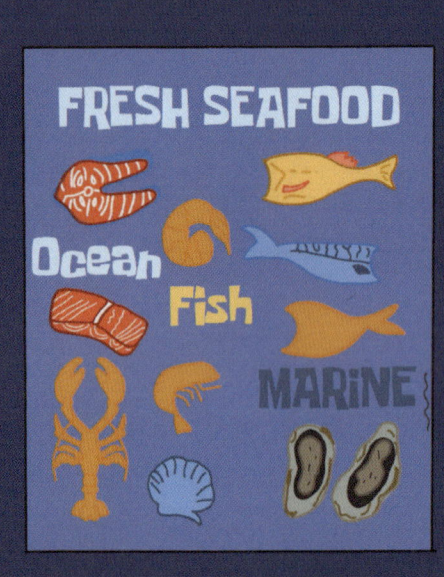

Cette nuit encore, Sourraq les trois voleurs ont encore frappé ! Mais cette fois-ci, ils se sont trompés. Ils ont cambriolé une poissonnerie plutôt qu'une bijouterie.

Sourraq   Les Voleurs

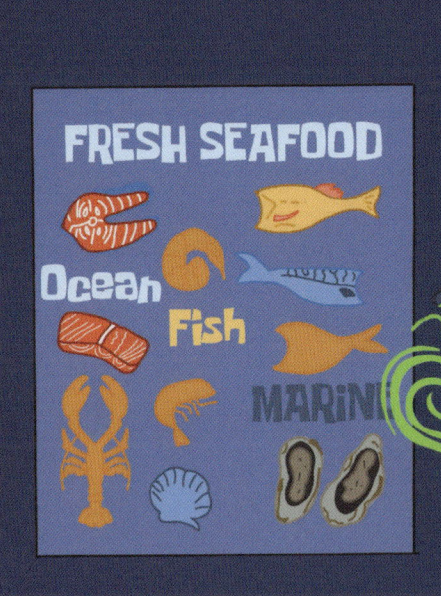

CONSONNE LONGUE س

LE SAIS-TU ?
Pour reconnaître Sssouraq dans l'ombre, cachés sous leur masque, il suffit de se souvenir de leur odeur de 🐟.

Et maintenant, pour retrouver les Sourraq, c'est facccile, il sssuffit de sssuivre leur sssenteur de 🐟. Fais bien attention à ne plus les laisser filer. Un bon enquêteur, comme toi, doit toujours avoir du flair.

poisson : سَمَك   49

Roz

CONSONNE LONGUE

Le Riz

Roz le bol de riz il n'y a pas plus rapide que lui. Avec ses rollers, il roule très vite. À l'intérieur, ses grains de riz se chamboulent. De quoi devenir maboul. Il est tellement rapide que même sa langue patine. Sa langue roule très très vite sur son palais comme si elle jouait au hockey. Rrr ! C'est comme cela que se prononce cette petite virgule qui, à toute allure, fonce.

riz : رُزٌّ

DHÂRF

CONSONNE LONGUE

ظ

L'Enveloppe

Le courrier de Dhârf l'enveloppe

"VOUS DHÂVEZ UN NOUVEAU MEDHÂGE", DIT DHÂRF.

« Il était une petite enveloppe qui avait une drôle de façon de faire vibrer toute une maison. Son dentier est un vibreur. Il a fait trébucher le facteur qui s'est cassé le bout du nez en montant les escaliers. Si vous voulez lire cette lettre, il va falloir vous y mettre. Après moi, répétez dhâ dhô dhî. Coincez l'air entre vos dents, le bout de votre langue aidant, vous entendrez résonner un bruit fracassant. Ma démonstration est terminée. Si vous ne savez pas la prononcer, il vous suffit de recommencer. »

La lettre dhâ est dite emphatique. Elle a la particularité d'affecter le son de la voyelle. La fatha se prononce "a" au lieu de "è" etc. Pour différencier avec le dhel, nous avons donc choisi de présenter les syllabes plutôt que le son correspondant.

l'enveloppe : ظَرْف

51

SÂMGH

CONSONNE LONGUE ص

La Colle

LE SAIS-TU?

Si tu veux être le nouveau sadiq de cette colle en stick, tends-lui les bras en souriant et dit "sâ sô sî".

صديق : copain

Sâmgh le stick de colle a des mains en papier mâché, des yeux et une bouche en feuille d'école. Dans son atelier, Sâmgh le stick de colle travaille. Il bricole et englue ses nouvelles trouvailles.

52 La lettre sad est dite emphatique. Elle a la particularité d'affecter le son de la voyelle. La fetha se prononce "a" au lieu de "è" etc. Pour différencier avec le sin, nous avons donc choisi de présenter les syllabes plutôt que le son correspondant.

colle : صمغ

SÂMGH

CONSONNE LONGUE ص

La Colle

Il a réparé un 🌵 et son balloun, le pousse-mousse d'un joli 🧼 et la bulle éclatée d'un 🥤 rouge. Il a même fait décoller un 🚀.

Ce véritable petit pot de colle, colle et recolle tout ce qui se brise car "sâ sô sî", c'est sa devise. Cela veut dire "sans souci, je peux me coller à toi si tu me tends les bras."

cactus : صَبَّار   soda : صُودَا   savon : صَابُون   fusée : صَارُوخ

53

FOULFOUL

CONSONNE LONGUE ف

Le Piment

LE SAIS-TU? Comme les lampes du plafond, la flamme de Foulfoul se trouve au-dessus de lui.

Quand tu goûtes à Foulfoul le piment foufou, c'est le feu de partout. Alors souffle pour éteindre sa flamme brûlante fff ! Eh bien, bravo ! En l'éteignant, tu as éteint toutes les lampes ! Plus moyen de me réchauffer ! Vite, changeons de page avant de finir gelé !

piment ou poivron : فُلْفُل

Bèttikh — La Pastèque

CONSONNE COURTE بْ

LE SAIS-TU ?

La crème glacée est en dessous de Bèttikh la pastèque. C'est pour mieux la refroidir.

Vous allez me croire givrée mais hier, en ouvrant le premier étage de mon frigidaire, j'ai découvert une pastèque gelée. En dessous d'elle, une 🍦 glacée et une cuillère. S'entraîne-t-elle pour les sports d'hiver ? Non ! C'est juste que les pastèques se dégustent toujours bien froides. Pauvre petit fruit d'été ! Il est maintenant frigorifié. « Bbb ! Je tremble de froid ! », dit Bèttikh la pastèque.

À ce stade de l'ouvrage, vous entrez dans l'apprentissage des consonnes courtes. Ce sont des consonnes qui ne peuvent être prolongées lors de la prononciation. Elles sont donc plus difficiles à discriminer dans un mot.

crème glacée : بُوظَة
pastèque : بِطِّيخ

BÈTTIKH

CONSONNE COURTE

بِ

La Pastèque

Bon, c'est décidé, je vais sauver cette bbbauvre bbbetite bbbastèque aux bbbelles bbbbottes bbbrunes avant qu'elle n'attrape un rhubbbe. Je vais la prendre et la réchauffer dans mon bbbidon bien chaud. Et la 🍦 glacée ? Elle aussi finira dans mon gosier ! Bbb ! J'en tremble de froid!

Bèttikh porte des bottes brunes pour rappeler le personnage de la Botte "b" de la planète des Alphas. C'est un indice récupérateur en mémoire pour se souvenir du son "b".

Dounèt   CONSONNE COURTE   Le Beignet
د

Dounèt dddandine ses petits dddoigts dddodus sur son dddos pour faire le même son que la dddame avec un gros dddromadaire. Ddd ! fait le son de ses doigts qui tambourinent sur son dddos.

Quand vous prononcez le son « d », associez-le à un rythme ou à une mélodie que votre enfant connaît. Il a été prouvé que l'on apprend mieux en fredonnant. Cette technique est utilisée par les personnes atteintes de troubles du langage.

beignet : دُونَات   57

WÈHCH

CONSONNE COURTE
٩

Le Monstre

"Wuwuw". Derrière l'une des nombreuses portes du palais,
Wèhch le monstre aboie comme un petit rockey.
« Tu ne me fais même pas peur
espèce de gros monstre poilu,
avec tes petites verrues,
ta langue fourchue
et tes cornes pointues !!!
Tu ne peux pas m'attraper,
tu n'as même pas de pieds.
Tu n'es qu'un brailleur,
va donc voir ailleurs !
Ouste ! Du balais !
Et ne reviens jamais,
sauf
quand je te le demanderai ! »

monstre : وَحْش

3ÈMOU 3ILKA

CONSONNE COURTE ع

L'Oncle Chewing-gum

POUR ALLER PLUS LOIN

3èmou 3ilka sait faire la planche avec un seul pied.

Il sait aussi faire des loopings.

3èmou 3ilka c'est l'oncle chewing-gum. Il contient dans sa tête "Mystères et boule de gomme", 3333 ! Pour notre plus grand bonheur, il vomit des arcs-en-ciel de couleur, fait des roulades et des pirouettes, tient en équilibre sans se casser la binette. Facile à reconnaître, partout où il passe, on le suit à la trace !

Nous avons présenté les différentes formes d'écriture de 3eyn. Mais à ce niveau d'apprentissage, l'enfant n'est pas obligé de les maîtriser parfaitement.

oncle : عَمٌّ   chewing-gum : عِلْكَة

Koussa — La Courgette

CONSONNE COURTE ک

Oh ! Quelle mignonne petite courgette cachée dans un coin ! Tu ne verras jamais le visage de Koussa, la cousine de cornichon. Elle est bien trop timide pour montrer son visage rubicond. Tellement froussarde que si tu lui demandes son prénom, elle se met à bégayer avec discrétion « kkk...kkkoussa ».
Quelquefois, elle a peur alors elle se cache dans un coin.

Avec Koussa, on apprend à l'enfant que les mots sont composés de sons qui peuvent être isolés. Vous pouvez entraîner l'apprenant à identifier le son d'un mot en lui demandant de bégayer comme Koussa.

courgette : كُوسَة

TÂMATÎM

CONSONNE COURTE ط

La Tomate

QU'EST-CE QUI EST ROUGE AVEC UNE CAPE ?

Une super tomate, bien sûr !
Tâmatîm, cette super tomate décolle comme une tâira ...

... et s'écrase comme une batâtâ.
Tâ ! Oh du ketchup !

طَماطِم : tomate   بَطاطا : pomme de terre   طائِرَة : avion

61

L'HEURE du Conte

QISSA ق l'histoire

Il était une fois une reine qui s'appelait ♥♥.
Elle se prénommait Reine "deux cœurs",
car elle aimait par-dessus tout deux choses.
D'abord, la couleur rose :
sa couronne, sa robe
et même ses chaussettes
étaient roses.
Ensuite, les bonbons :
elle en mangeait à longueur
de journée ; matin, midi et soir,
sans oublier le goûter.

histoire, conte : قِصَّة   deux cœurs : قَلْبَيْن

QISSA ق L'histoire

Son 🏰 était fait de briques en fraise Taqada, de colonnes en sucettes et de coussins en chamallows, sur un lit de barbe à papa. Des luminaires en sucre cristal au sol en caramel tout était fait de rose sucré.

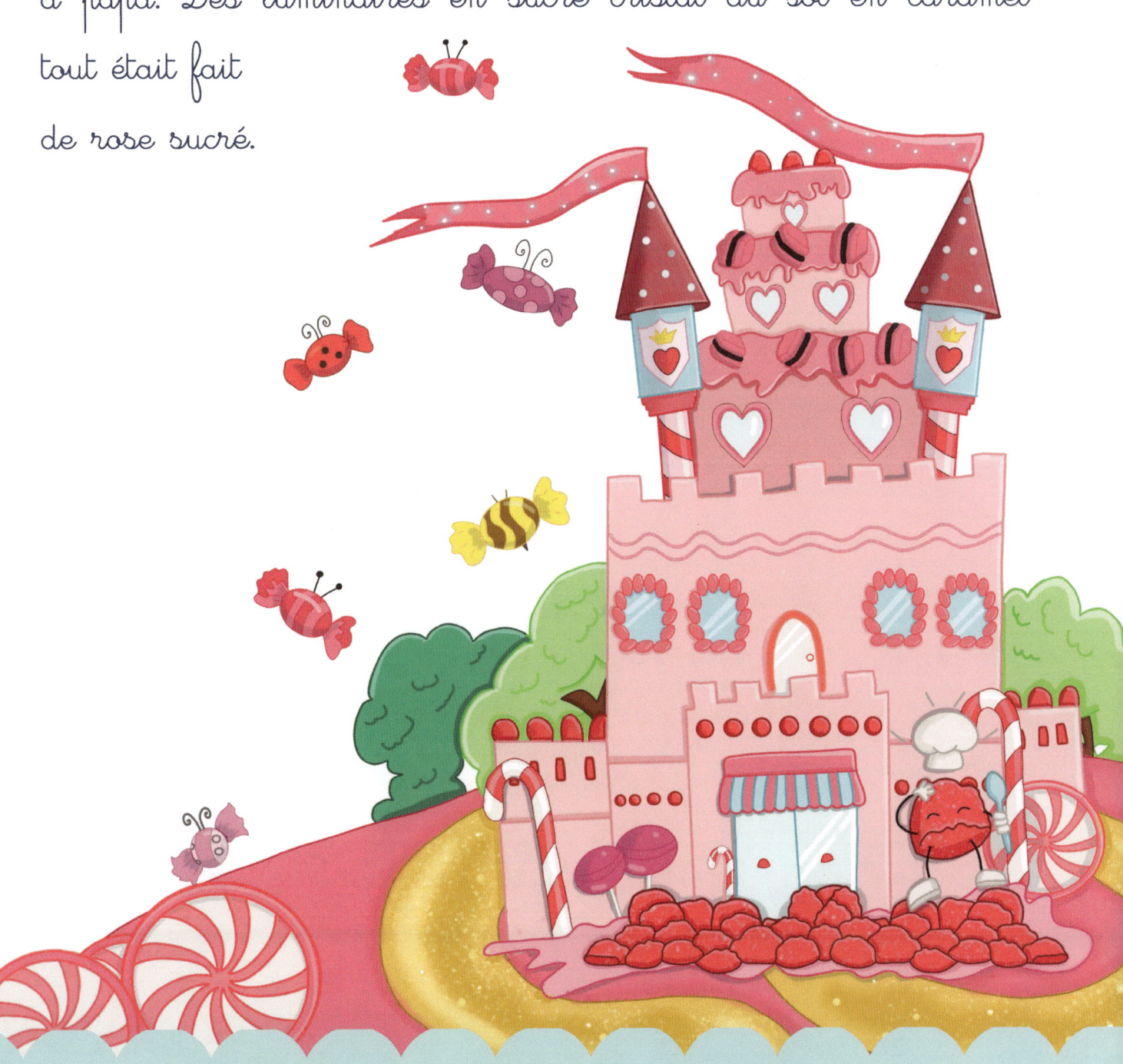

palais: قَصْر

QISSA ق L'histoire

À force de marcher sur le sol sirupeux, ses pieds se mettent à coller. Ses 👣 collent sur le sol de son palais dégoulinant de sucre, comme ta langue colle sur ton palais.

Qâ, qâ, qâ, qâ !
On dirait cinquante canards qui marchent derrière elle à chacun de ses pas. Qâ, qâ, qâ, qâ !

deux pieds : قَدَمَانِ

Qissa ق L'histoire

Elle décide, alors, d'aller voir son médecin pour se plaindre de ses pieds englués. Et comme tous les docteurs, il ausculte ... son cœur !

Puis, il déclare :
« Madame la reine 🩷🩷, vous avez un problème de cœur. Vous avez trop de sucre dans le sang. De la tête au 🦶🦶 vous transpirez le sucre évidemment. »

65

QISSA ق L'histoire

Avec les bonbons, la reine doit se mettre au vert. Un peu de légumes lui feraient du bien.

Mais, furieuse, elle ordonne qu'on lui construise un carrosse : une monture avec une 🎃 bien rose et du sucre soufflé. Puisqu'elle ne peut plus marcher, elle va rouler.

66

citrouille : قَرْع

QISSA ق L'histoire

Une fois la reine installée dans son nouveau carrosse, elle glisse sur le sable sucré, s'envole vers les oiseaux,

traverse la boucle jusqu'à la cour du château et atterrit...

QISSA   ق   L'histoire

... dans les jardins verts du palais. Qâ, qâ, qâ, qâ ! font les canards dans la mare. Elle n'a jamais été aussi verte de rage. Fin de l'Histoire Qissa et un point final ou plutôt deux ♥♥ .

QISSA ق L'histoire

Tu peux toi aussi réécrire l'histoire Qissa.
1- Glisse sur le sable,
2- Envole-toi vers les oiseaux,
3- Traverse la boucle jusqu'à la cour du château,
4- Atterris dans les jardins verts du palais,
5- Deux points finaux.

LE SAIS-TU ?
Chez Qissa, on finit toujours les histoires par deux points finaux.

Dâwdâ — ض — Le Vacarme

CONSONNE COURTE

LE SAIS-TU?
Comme si cela ne suffisait pas, Dâwdâ a un bruit au-dessus de sa tête qui fait presque autant de bruit que lui.

Dâwdâ Monsieur vacarme est très bruyant. Comme si cela ne suffisait pas, Dâwdâ ne parle pas : il crie ! Avec son haut-parleur, il peut étendre au loin sa voix. Comme si cela ne suffisait pas, il a de gros sabots à talons au cas où on ne l'entendrait toujours pas. Comme si cela ne suffisait pas, il a une grande bouche pour mieux hurler aux oreilles. Dâ dâ dâ ! entend-on quand il sautille, car comme si cela ne suffisait pas, Dâwdâ ne marche pas : il saute ! À chaque bondissement, ses ressorts créent un gros bruit de trampoline. Dâ dâ dâ !

La lettre dâd est une lettre emphatique. Pour la différencier avec le del, nous avons choisi de présenter la syllabe dâ plutôt que le son correspondant.

vacarme : ضَوْضَاء

JEDDA JOUBNA

CONSONNE COURTE ح

La Grand-mère Fromage

LE SAIS-TU ?

Jedda Joubna ne sort jamais sans son sac. Elle le fait toujours tourner en bas pour des raisons de sécurité.

Ma grand-mère est un fromage qui contient 98% de crème de gentillesse. Ses câlins sont aussi doux qu'un petit filou et son odeur aussi fruitée qu'un Lerdayeur. D'ailleurs, cette Mamibel connaît une bonne vieille recette pour produire une sonorité jouette. Faire tournoyer son sac de commission qui, au contact de l'air, gicle comme le jet d'eau. Djdjdj ! Bien remuer le sac toujours à terre pour ne pas affiner le fromage trop tôt.

Dans l'histoire de Jedda Joubna, nous y avons glissé un indice récupérateur en rapport avec le jet d'eau de la planète des Alphas. Ainsi, l'enfant associe une nouvelle information à une ancienne connaissance pour mieux apprendre.

grand-mère : جَدَّة
fromage : جُبْنَة

Touta

CONSONNE COURTE ت

La Mûre

LE SAIS-TU ?
Pour se souvenir du nombre d'horloge, il suffit de se rappeler le nombre de syllabes de son prénom : Tou-ta.

Touta la mûre des bois est très fatiguée. Elle s'est réveillée juste pour venir se présenter. Elle rêverait de retourner se coucher car, au-dessus de sa tête, deux horloges font un bruit bien particulier. « T t t » c'est ce bruit de tic-tac qui la berce tout au long de la nuit. Même si son lit est un buisson d'épines, elle n'a qu'une seule envie : poser sa tête sur l'oreiller sans jamais se réveiller.

mûre des bois ou framboise : تُوتَة

Touta   La Mûre

CONSONNE COURTE

Au milieu des ronces et des piquants, elle s'allonge et s'endort tranquillement. T t t... Tu aimerais bien savoir comment fait Touta pour s'endormir sur ces buissons sans se piquer ? Eh bien... elle est trop fatiguée pour te le dire.

Youssoufi

CONSONNE COURTE يٓ

La mandarine

> **LE SAIS-TU?**
> Les deux mandarines toujours prêtes à faire la fête transportent un serpentin au-dessus de leur tête.

Yyy ! crient joyeusement Youssoufi et Youssoufi les deux mandarines. Elles lancent des épluchures en guise de serpentins pendant que l'on entend, dans un 🚢 au loin, les acclamations des Alpharabes. Yyy ! Ce cri de joie incroyable signifie la fin de l'alphabet. Yyy ! Nous sommes au complet ! Enfin presque...

mandarine : يُوسُفِيّ   yacht : يَخْت

Ce n'est pas tout !
Il reste un Alpharabe à te présenter.
Il n'a pas voulu se montrer dans l'abécédaire.
Il préfère qu'on le supplie de sortir de sa cachette, car normalement, il est invisible. Ce n'est pas facile de le reconnaître, mais pour le prononcer, il suffit de faire sortir l'air en appuyant sur son ventre.

HÈWÈ'

CONSONNE COURTE
هـ

L'Air

Hèwè' l'air qui ne manque pas d'air. Elle a le nez en l'air et les bras croisés. Sous ses grands airs, elle croit toujours avoir raison, et elle le fait bien savoir en disant hè ! à tout bout de champ. Elle a des airs de chipie et peut-être même un air de famille avec ta sœur ou ton frère. Quand j'ai commencé à la dessiner, elle ne m'a pas laissé la colorier. Finalement, ce sera gris carbone comme son humeur du jour.

air : هَوَاء

Hèwè'   CONSONNE COURTE ه   L'Air

Cette petite chipie se met dans tous ses états pour ne pas que tu la reconnaisses. Mais sois bien attentif à sa couleur crayon de papier.

TANTÔT EN BOULE POUR MIEUX BOUDER.

TANTÔT EN STRESS AVEC SA TRESSE.

TANTÔT LA TÊTE TOURNÉE, ELLE REGARDE DE TRAVERS.

ARRÊTE DE FAIRE TA TÊTE DE NOEUD ET LAISSE-MOI TE COLORIER !

Hè ! En tout cas, c'est quand même mon Alpharabe préféré ! Tu sais pourquoi ? Parce qu'elle sent bon le hhhhamburger. Et toi, lequel des Alpharabes préfères-tu ?

hamburger : هامْبُرْجَر

77

LE COIN DES PARENTS

« Ce n'est pas au cerveau de se faire à la forme de l'école mais c'est à l'école de se faire à la forme du cerveau. »

Idriss Aberkane

PRÉSENTATION DE L'ABÉCÉDAIRE :

Apprendre à lire l'arabe en s'amusant avec des personnages qui représentent les lettres arabes. Inspiré de la planète des Alphas et des travaux de la neurologue Régine Zeckri Hurstel, ce niveau 1 aidera votre enfant à intégrer facilement le son et la forme des lettres arabes. Pour faciliter la mémorisation, les personnages sont associés à une odeur, une émotion et une histoire captivante. En accord avec le fonctionnement naturel du cerveau, votre enfant expérimente la lecture avec ses cinq sens de façon amusante.

OBJECTIFS :

1. Apprendre l'alphabet arabe.
2. Apprendre à manipuler les sons : prérequis essentiel pour l'entrée dans la lecture.
3. Apprendre ses premiers mots en arabe.

MÉTHODE ADAPTÉE AUX DYS.
DÈS 3 ANS

LE COIN DES PARENTS

L'AUTEURE, ILLUSTRATRICE

Athéna BALVERDÉ,

psychologue spécialisée dans les sciences cognitives, je vous partage la méthode qui a permis à mes enfants d'apprendre à lire l'arabe facilement tout en s'amusant.

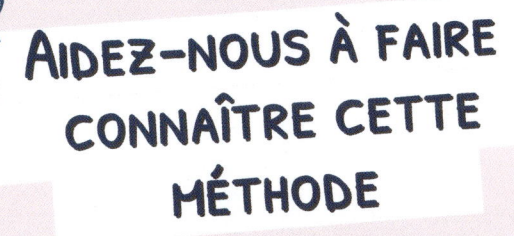

Aidez-nous à faire connaître cette méthode

N'hésitez pas à poster une évaluation sur le site amazon.fr et à vous abonnez à notre compte Instagram @lesalpharabes pour suivre l'évolution du projet.

Contributeurs

Taymiyya, Abderahman, Aiyouan, Lebureaudeoummy, oumma_correction, Stella, Soraya, Anissa, des mamans et leurs enfants.

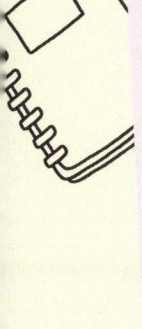

LE COIN DES PARENTS

LES ALPHARABES, MÉTHODE BASÉE SUR LES DERNIÈRES AVANCÉES EN NEUROSCIENCES.

> ON S'EST DÉJÀ VUS ?

> JAMAIS ENTENDU PARLER DE TOI.

Neurone visuel de la lettre م
(la forme de la lettre)

Neurone auditif de la lettre م
(le son mmm)

L'apprentissage de la lecture est souvent compliqué chez l'enfant et nécessite des heures d'apprentissage intensif. Pourquoi ? Parce que la lecture n'est pas une compétence innée comme la marche ou le langage. Elle demande au cerveau un effort pour d'abord mémoriser le son de chaque lettre et ensuite, associer ce son à un élément abstrait (la lettre en l'occurrence).

En effet, le neurone porteur de l'image visuelle d'une lettre a du mal à se connecter avec le neurone porteur de l'image auditive du son qui lui correspond. Il faut un temps d'apprentissage assez long et fastidieux pour réussir à créer les bonnes connexions. Mais nous, les Alpharabes, nous avons trouvé la solution.

LES ALPHARABES SONT DES PERSONNAGES QUI AIDENT À APPRENDRE LE SON ET LA FORME DES LETTRES.

Lien de sens
incarné
par l'Alpharabe
Mighrafa

Neurone visuel
de la lettre م
(la forme de la lettre)

Neurone auditif
de la lettre م
(le son mmm)

Comme dans la planète des Alphas de Claude Huguenin, chaque lettre est représentée par des petits personnages ou objets : les Alpharabes. Ceux-ci servent à créer « des ponts, des raccourcis » entre le neurone visuel de la lettre et le neurone auditif correspondant.

Par exemple, pour la lettre mim, on imagine une louche qui fait le son MMMM parce qu'elle est gourmande.
De cette façon, ces aide-mémoires sur pattes permettent à votre enfant d'intégrer très rapidement la forme, mais aussi le son de chaque lettre.

Grâce à ces petits compagnons, l'apprenti-lecteur commence à maîtriser la lecture et l'écriture par le biais de représentations mentales concrètes.

Ajoutez une soukoun à la lettre arabe et vous obtiendrez son phonème (le son).

UNE MÉTHODE PHONIQUE EN ACCORD AVEC LE FONCTIONNEMENT NATUREL DU CERVEAU.

Comme dans la planète des Alphas, notre abécédaire repose sur une méthode phonique. Cela consiste à travailler d'abord sur le son des lettres (phonèmes*) pour que l'enfant apprenne à les identifier par la suite. À l'issue de ce travail de manipulation, il sera capable de se représenter mentalement les sons et de les associer aux signes par lesquels on les représente. Associer le son MMMM à la lettre physique mim par exemple.

Grâce à la neuro-imagerie, on a découvert que le cerveau ne lisait les mots ni de manière globale ni de façon syllabique. Pendant la lecture, le cerveau les découpe plutôt en unités plus petites, en l'occurrence des sons appelés phonèmes. En effet, pendant l'activité de lecture, les circuits cérébraux normaux de la lecture mettent en relation les graphèmes** et les phonèmes.

Quand on lit le mot « fil » par exemple, notre cerveau découpe le mot en son fff puis iii puis lll en associant la forme physique de la lettre au son correspondant. C'est pourquoi nous, les Alpharabes, ne martelons pas à l'enfant bè bou bi, tè tou ti, thè thou thi... à tue-tête comme on le ferait dans le cadre d'une méthode syllabique. En accord avec le fonctionnement naturel du cerveau, nous le sensibilisons plutôt aux sonorités (phonèmes).

De cette façon, l'enfant sera capable de manipuler, isoler et identifier les sons avec aisance. Il apprend ainsi à faire correspondre la lettre (graphème) à un son (phonème). Cette compétence est un prérequis essentiel pour entrer facilement dans la lecture. L'enfant pourra aisément, grâce à ce travail de manipulation sonore, composer des mots de lui-même sans passer par le martelage et la répétition intensive.

*Plus petite unité syllabique. Ajoutez une soukoun à la lettre arabe et vous obtiendrez son phonème (le son).
**Plus petite entité graphique d'un système d'écriture (en l'occurence la lettre).

Avec les Alpharabes, on utilise son corps pour mieux assimiler les sons.

Un individu met environ cinq ans pour assimiler le système sonore de sa langue maternelle. Un novice en arabe ne va pas intégrer rapidement les sons puisqu'il est sourd aux sonorités d'une langue étrangère. C'est pourquoi nous avons introduit dans notre abécédaire, au sein même de certains personnages, des gestes corporels et des mimiques du visage inspirés de la méthode verbo-tonale. Il s'agit d'associer un mouvement corporel, un geste ou une mimique à un son. Ce qui va permettre à l'enfant de mieux prononcer mais aussi mieux percevoir les formes sonores et leurs particularités. Par exemple, Sâmgh le pot de colle a les bras en l'air étirés vers l'extérieur et les dents serrées. Imiter ce geste aide l'enfant à sortir le son [s]. Ici, on propose à l'enfant de réaliser ce mouvement pour l'aider à sortir le son de sa bouche pour la première fois.

Ce geste matérialise le mouvement que fait initialement l'appareil phonatoire (la coordination de la bouche, des dents, etc.). En étirant les bras, on signifie à l'enfant d'étirer sa bouche comme pour le son [s]. Cette méthode de rééducation est utilisée par les orthophonistes et les spécialistes en didactique linguistique pour les enfants ayant des retards de langage mais aussi pour les apprenants en langues étrangères.

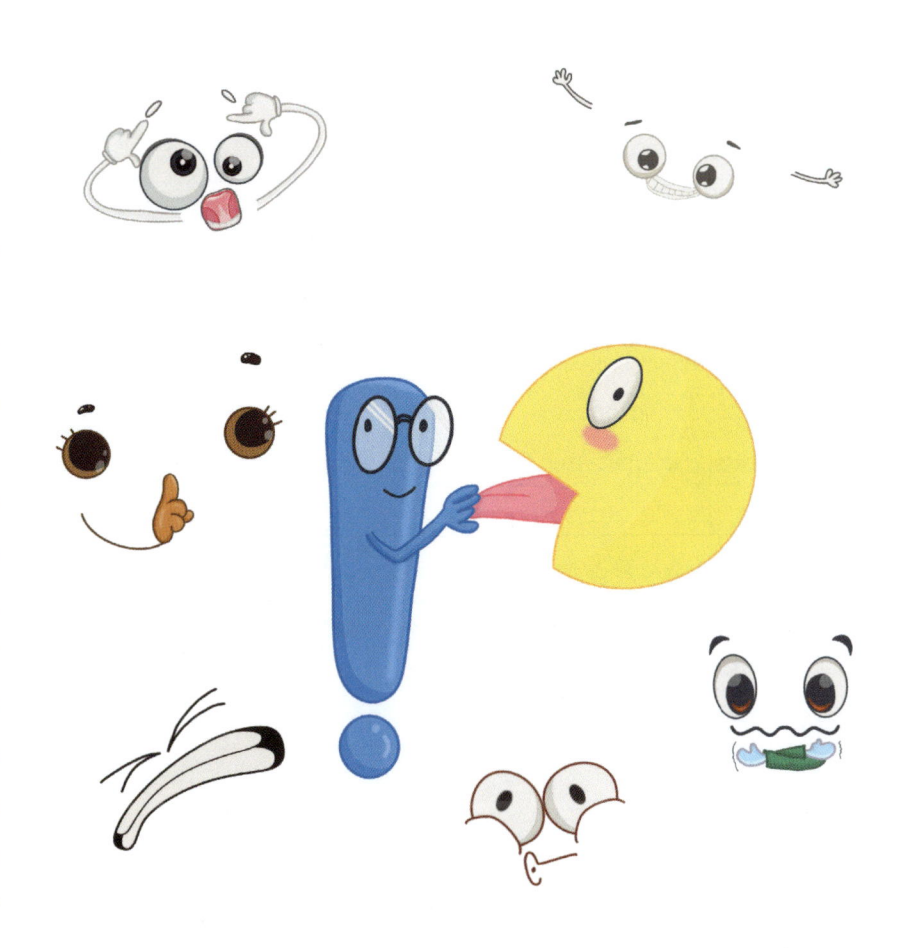

De plus, comme notre cerveau est initialement conçu pour l'action, on se souvient mieux d'une information lorsque celle-ci est associée à un mouvement. En faisant fonctionner sa mémoire kinesthésique, l'apprenant, guidé perceptivement, s'approprie petit à petit les particularités du son de la langue étrangère.

Des émotions pour mieux ancrer l'information à long terme.

Dans la vie de tous les jours, on constate la part déterminante de la dimension affective dans les apprentissages. Il est communément admis de tous que le désir et le plaisir favorisent la mémorisation. Même d'un point de vue de la neuro-imagerie, on peut observer concrètement la zone de l'émotion, appelée système limbique, s'activer pendant les processus de récupération en mémoire.

C'est pourquoi, concernant le plaisir d'apprendre, nous nous y sommes donné à cœur joie dans la conception de cette méthode. En effet, pour concevoir et développer cet outil d'apprentissage, nous nous sommes basés sur le fait qu'il n'y ait pas d'apprentissage optimal sans une mobilisation, une implication et un engagement relativement importants. Pour rendre l'enfant gourmand de savoir, rien de tel que des personnages attachants, à haute valence affective, qui sont mis en scène dans des histoires rigolotes et hors du commun. Tous ces personnages sont faits pour éveiller la curiosité des enfants et canaliser leur attention.

C'EST TOI QUI PRENDS LE RELAIS ?

AVEC PLAISIR !

En effet, ces compagnons de jeu susciteront chez l'apprenant un engagement actif sans contrainte et sans attente de récompense. Avec les jeux proposés autour de ces personnages, vous apprécierez de vous-même la pratique délibérée, volontaire et répétée de votre enfant qui l'aidera à consolider ses connaissances.

LES ODEURS AIDENT À MIEUX SE SOUVENIR.

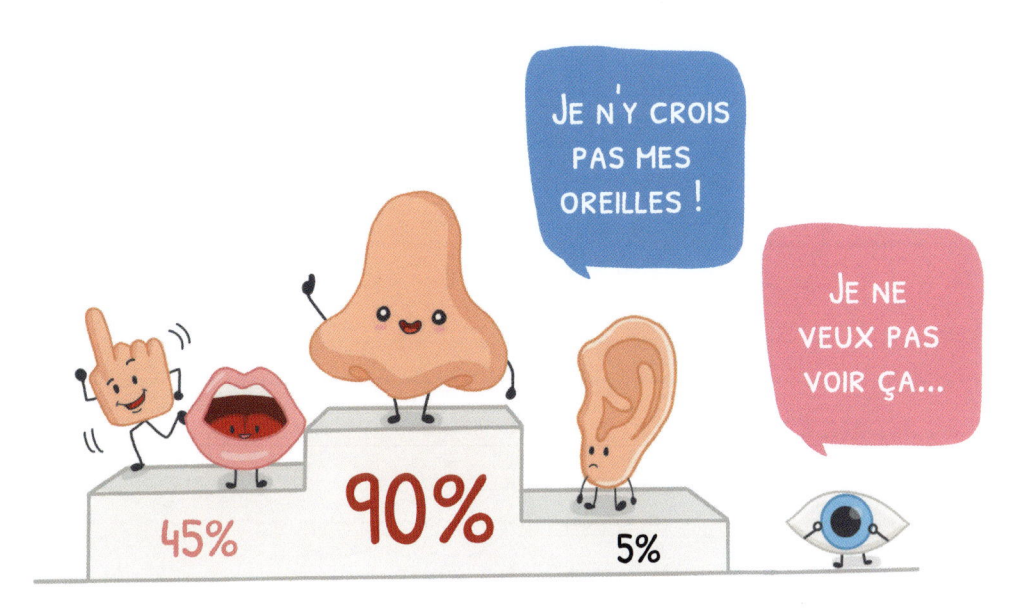

Je n'y crois pas mes oreilles !

Je ne veux pas voir ça...

45% 90% 5% 3%

La mémoire olfactive est la plus performante des mémoires. Selon Régine Zekri-Hurstel (l'alphabet des cinq sens), le taux de rétention d'une information de la mémoire visuelle est de 3% après un an. Pour la mémoire auditive, 5%, pour les mémoires du goût, du toucher et du mouvement : 45% et enfin, pour la mémoire olfactive, 90%.

La plupart de nos personnages sont donc associés à une odeur. L'enfant peut manipuler, sentir et goûter pour un apprentissage qui utilise tous les sens, imprégnant ainsi la mémoire de façon plus efficace.

Par le mouvement, la vue, le toucher, l'ouïe, mais aussi le goût et l'odorat, nous encourageons l'apprenant à combiner plusieurs manières de recevoir et d'intégrer l'information dans sa mémoire. Mobiliser et stimuler toutes les mémoires (sensorielle, kinesthésique, émotionnelle, etc.) autour d'une seule et même information est un excellent moyen pour optimiser leur acquisition.

LE COIN DES PARENTS

10 CONSEILS issus DES NEUROSCIENCES

1 Associer les personnages avec leurs sons (avec soukoun) et non l'intitulé de la lettre.

Par exemple, on ne dit pas chin mais chhh. On ne dit pas sin, mais sss. Le fait de mettre l'accent sur le son arabe (chchch, sss, fff, qqq) plutôt que l'intitulé de la lettre (sin, chin, fè, qaf) permettra à votre enfant d'affiner son écoute. Ce travail de manipulation « sonore » est d'autant plus important à mettre en place lorsque l'on est novice en arabe. Rappelons que la plupart des sonorités arabes sont étrangères à votre enfant. Il est alors difficile pour lui de discriminer et d'isoler certains sons arabes et il est encore plus compliqué de les prononcer.

2 Prolonger la prononciation de la première lettre des Alpharabes.

Toujours dans cette volonté de travailler le son (conscience phonémique), le nom de l'objet ou du personnage commence par la même lettre que celle à laquelle il est associé. Le personnage qui incarne la lettre mim ne s'appelle pas mim, mais Mighrafa, et qaf est Qissa. Pour mettre en relief les similitudes entre le nom de l'Alpharabe et le son correspondant, il est donc important de prolonger longuement la première lettre du nom de chaque personnage. En exagérant la prononciation, l'enfant exerce son oreille à isoler le son et à le discriminer. On dit mmmighrafa, nnnè3nè3, fffoulfoul ou ssssourraq. Donner des noms arabes aux personnages permet, par la même occasion, d'enrichir le vocabulaire de l'enfant.

3 Mettre en place une gestuelle correspondant à l'Alpharabe et à sa prononciation.

Ces gestes articulatoires aideront l'enfant à mieux retenir et prononcer les sons des Alpharabes. Par exemple Chèjara qui dit "chuut" ou Foulfoul qui souffle avec sa bouche en forme de cercle.

4 Se munir des cartes-personnages à découper.

En effet, c'est important pour que l'enfant cherche lui-même le lien entre l'histoire sonore et la carte personnage pendant la lecture de l'abécédaire. Avec les figurines représentant les lettres, l'enfant va pouvoir effectuer diverses activités de manipulation qui lui permettront d'acquérir concrètement les aptitudes de bases essentielles à la mise en œuvre de l'apprentissage.

5 Respecter l'ordre des Alpharabes.

Il a été soigneusement étudié pour que l'enfant apprenne progressivement. D'abord, il y a l'apprentissage des voyelles et des consonnes longues (telles que mim, fè, ra, kha) ; il est plus facile d'identifier oralement leurs sons (donc leurs phonèmes) que ceux des consonnes courtes comme bè, tè ou kèf.
En premier lieu, on privilégiera donc les activités de reconnaissance des voyelles et des consonnes longues avant de passer aux consonnes courtes, plus difficilement fractionnables.

6 Ne pas apprendre par « famille de lettres similaires ».

Une des difficultés de l'apprentissage des lettres arabes est que certaines lettres se ressemblent beaucoup. Par exemple, jim avec hè et kha ou encore del avec dhel ne diffèrent que par la position des points. L'enfant les confond donc de manière récurrente.
Nous vous déconseillons donc fortement de faire apprendre à l'enfant par «famille de lettres» en les regroupant par ressemblance. Dans le jargon scientifique, vous risquez de renforcer ce qu'on appelle un biais de « compression intra-catégorielle ». Autrement dit, vous allez induire davantage les confusions entre les lettres similaires et retarder ainsi l'apprentissage.
Il est faux de croire qu'apprendre les lettres en les regroupant par similarité est un gain de temps. Bien au contraire, ce regroupement par famille perturbe les acquisitions et augmente, par la suite, la difficulté à distinguer les lettres les unes des autres.
C'est pourquoi chacun de nos personnages possède un univers, une histoire et des attributs physiques bien à lui. On a cherché sciemment à les différencier et écarter le plus possible les ressemblances. Ainsi, l'enfant aura moins de risques de les confondre.

7. Lire ce livre aux enfants le soir avant de dormir.

Il a été prouvé que le sommeil permettait un meilleur encodage en mémoire. Ainsi, le matin, il peut s'avérer utile de se réapproprier les personnages vus la veille afin de consolider les apprentissages avec les différentes activités de cartes à découper. Chaque jour, la lecture de quelques pages suffit largement à avancer dans l'apprentissage sans trop surcharger le cerveau de vos chérubins.

8. Tout est prétexte à la répétition dans un cadre ludique

Un repas, un trajet en voiture ou une promenade, tous ces moments peuvent être prétexte à l'apprentissage naturel. La répétition dans différents contextes permet une consolidation plus forte des circuits neuronaux mis en place.

N'hésitez pas à questionner l'enfant pour savoir s'il a bien intégré les lettres et leurs sons associés, mais toujours par le biais de jeux, de mimes, de devinettes, de discussions, etc. On cherche par cela à activer les zones du plaisir et de l'émotion qui, rappelons-le, jouent un rôle important dans le processus de mémorisation.

9. Ne pas appeler les Alpharabes « lettres » ou « houroufs ».

Comme vous pouvez le constater, à aucun moment on ne parle de lettres ou de houroufs, mais de personnages : les Alpharabes. Nous vous conseillons vivement de garder cette habitude. Cela aidera considérablement votre enfant à entrer dans le monde de la lecture. Soyez rassurés, il abandonnera les Alpharabes dès qu'il n'en aura plus besoin. « Chèjara ne s'appelle pas chin. Chèjara est un personnage qui aide à mieux apprendre les houroufs. »

10. Mettre en place des activités sensorielles et ludiques en rapport avec les histoires de l'abécédaire.

Vous aiderez votre enfant à mieux apprendre les lettres arabes en mobilisant tous les sens (cf idées d'activités autour du goût et des odeurs avec les Alpharabes).

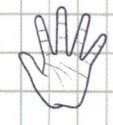

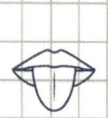

LE COIN DES PARENTS

LE GOÛT D'APPRENDRE

CETTE EXPÉRIENCE TRÈS SIMPLE À RÉALISER PERMETTRA, DANS UN PREMIER TEMPS, D'APPRENDRE RAPIDEMENT À ASSOCIER LE PERSONNAGE AU SON CORRESPONDANT. DANS UN SECOND TEMPS, ELLE AIDERA VOTRE ENFANT À ASSIMILER EFFICACEMENT LE VOCABULAIRE ARABE ; EN L'OCCURRENCE LE NOM DES ALPHARABES ET LE NOM DE LEUR ODEUR.

ACTIVITÉ SENSORIELLE

PRÉ-REQUIS :

Avoir pris connaissance des histoires des Alpharabes que l'on souhaite utiliser pendant l'activité.

OBJECTIFS :

Dans un premier temps, apprendre les sons que produisent les Alpharabes.
Dans un deuxième temps, lorsque l'enfant maîtrisera les sonorités, on pourra aussi utiliser cette activité pour apprendre le nom des personnages en arabe.

MATÉRIEL :

- Un tissu pour bander les yeux des enfants.
- Des petits bols ou récipients.
- Les cartes des personnages dont le nom représente DIRECTEMENT un aliment ou une odeur (pain, fromage, tomate, mûres des bois ou goût mûre d'un yaourt, d'une boisson, ect.). Ne pas prendre mighrafat qui sent le michoui par exemple.

89

Procédure de l'activité :

PRÉPARER

1- Placer dans un récipient des petits morceaux de chacun des aliments sélectionnés. Dessous, mettre la carte de l'Alpharabe correspondant à la senteur (par exemple, sous le récipient de la pastèque, glisser la carte Bèttikh). BANDER LES YEUX de votre enfant.

FAIRE SENTIR, FAIRE GOUTER

2- Dans un premier temps, amener le récipient au nez de l'enfant pour lui faire sentir. Dans un deuxième temps, si le produit est comestible, il peut aussi le goûter. Demandez-lui d'ouvrir la bouche afin de mettre l'aliment sur sa langue. Bien entendu, on ne fera pas goûter ou sentir des produits néfastes pour l'enfant*.

QUESTIONNER

3- On questionne l'enfant. Quelle est cette senteur ou saveur ? À qui appartient ce goût ou cette odeur ? Noter le nom de l'Alpharabe et la réponse donnée. En fonction de ses connaissances et de son niveau en arabe, l'enfant peut répondre en français ou en arabe. Puis on lui demande de rappeler quel "bruit" fait cet Alpharabe. Si l'enfant ne sait pas, on peut l'aider en donnant des indices. On peut par exemple lui rappeler l'histoire du personnage ou lui proposer de choisir entre trois réponses. Est ce que c'est monsieur Hhhh, TTTamatim ou Fffoulfoul ?

NOTER LES RÉPONSES

4- Le "goûteur" peut boire un peu d'eau avant de tester un nouvel aliment. Faire sentir puis goûter un à un tous les aliments. Noter ceux qui lui sont proposés et les réponses du "goûteur".

PASSER AU FEED-BACK

5- Quand la séance sensorielle est terminée, passer au feed-back. Reprendre les produits dans l'ordre, un par un, et faire soulever le récipient à l'enfant pour vérifier, avec lui, si sa réponse est juste. Même si on tolère les réponses en français ou approximatives en début d'apprentissage, l'enseignant, quant à lui, donnera toujours la réponse en arabe.

*Ne pas faire goûter ou sentir un piment, mais utiliser plutôt un poivron. En arabe, foulfoul veut dire piment, mais aussi poivron.

VARIANTE DE L'ACTIVITÉ :

Cette fois-ci, on va utiliser les odeurs qui ont un nom différent de l'Alpharabe correspondant. Par exemple Leymone le citron pour Lissane, l'odeur michoui pour Mighrafat, etc.

PRÉ-REQUIS :

Connaître les histoires olfactives des personnages et leur nom en arabe.
Connaître les sons des Alpharabes.

OBJECTIFS :

Avec ce procédé, d'une part, l'enfant sensibilise son oreille aux sonorités, il apprend à découper et isoler les sons dans un mot (conscience phonémique).
D'autre part, il apprend de nouveaux mots arabes par association d'idées facilement et en contexte.

PROCÉDURE :

Dans cette variante, l'enfant ne doit plus deviner les odeurs et les nommer, mais il doit les retrouver dans les récipients à partir d'indices sonores. les odeurs ainsi choisies commencent par le son de leur Alpharabe respectif*. Par exemple, Lllissène sent le leymoun, car leymoun commence par le même son LLLL, Jeddati sent le joubn...

1- Avant de débuter la séance, on explique alors à l'enfant que les Alpharabes se sont cachés dans des odeurs et qu'il faut les retrouver en écoutant bien le début du mot.

2- On cite une odeur en arabe : par exemple llleymoun. On insiste bien sur la première lettre. Et on demande à l'enfant quel est l'Alpharabe qui se cache dans le mot ?

3- Parmi les récipients, l'enfant doit donc retrouver l'odeur de LLLissane qui sent le llleymoun. Là encore si c'est trop difficile pour lui, on lui propose des indices ou on réduit le champs des réponses en suggérant plusieurs choix. Est-ce lllissène, mmmighrafat ou nnnè3nè3 ? Quel Alpharabe commence par le son LLLL ? etc.

4- On note les réponses et enfin, on passe au feed-back.

* NB : À l'exception de Ghadbane qui sent l'oeuf en chocolat et de la Reine de cœur qui sent le bonbon.

Printed in Great Britain
by Amazon